D1932127

Dieter Emeis

DIE GROSSE FREUDE

Kleines Glaubensbuch für Kinder und ihre Eltern

Herder Freiburg · Basel · Wien

Miteinander reden – das tun die beiden auf dem Bild, das tun Kinder und Eltern jeden Tag. Manchmal fehlt freilich die Zeit dazu. Manchmal merkt man auch ohne viel Worte, wenn zum Beispiel die Kleinen und die Großen sich gern haben oder wenn etwas dazwischenkam, was nicht gut war. Aber ein Leben ganz ohne Worte und ohne sich zu verstehen, das kann man sich eigentlich gar nicht vorstellen.
Mit unserem Glauben an Gott ist das nicht viel anders. Er kann dasein, ohne daß wir viel davon reden. Aber ein Leben ganz ohne Wort von ihm? Von allein geschieht es freilich meistens nicht, daß wir über etwas so Großes miteinander sprechen. Aber es gibt doch manche Anlässe dazu: unterwegs oder am Abend; wenn wir etwas Schönes erlebt oder etwas Schlimmes erlitten haben; wenn wir ein Fest feiern wie Weihnachten oder Ostern.
Auch dieses Buch möchte ein Anlaß dazu sein und eine Hilfe. Es versucht in einfachen Sätzen so etwas wie einen ganz kleinen Katechismus für Kinder. Diese Sätze werden für die Eltern näher erläutert. Und die Bilder führen uns vor Augen, wie sehr christliches Glauben mit menschlichem Leben zusammenhängt. Alle drei Bauteile des Buches – die Bilder, die (großgedruckten) einfachen Sätze und die (kleingedruckten) Erläuterungen – wollen aber zuletzt nur dem einen dienen: daß Eltern und Kinder miteinander reden und so in der Erfahrung ihres Glaubens weiterkommen.

W

Wenn wir Menschen nach Gott fragen, so hängt das mit unseren wichtigsten Fragen zusammen:

Die schönsten Freuden, die wir erleben, können wir uns nicht selbst machen. Wir bekommen sie geschenkt. Ist es Gott, der uns beschenkt und dem wir danken dürfen?

Wann fragen Menschen nach Gott? Wo stellt sich in unserem Leben diese geheimnisvolle Frage? Wie fangen wir es an, mit Kindern von Gott zu sprechen?
Oft wird Gott den Kindern als eine Art Erklärungsgott vorgestellt: Wo wir mit unseren Erklärungen nicht weiterkönnen, setzen wir Gott ein als den, der alles so eingerichtet habe; er lasse die Sonne scheinen, die Bäume grün und die Kinder groß werden. Kinder und Erwachsene brauchen für viele Dinge Erklärungen, aber sie verlangen im Grunde nach viel mehr. In ihnen lebt ein Verlangen, das tiefer, ja das aufs Ganze geht.

Von Gott sprechen, das hängt mit diesem tieferen Verlangen zusammen. Allerdings wird es in unserer Umwelt kaum gepflegt, und darum kommt uns auch die Rede von Gott in den gewohnten Stimmungen unseres alltäglichen Lebens oft so fern und so fremd vor. Und dennoch ist es da, dieses tiefere Verlangen. Es läßt sich entdekken, und was wir selbst entdeckt haben, werden wir auch anderen und besonders den eigenen Kindern zeigen wollen. Was ist mit diesem Verlangen gemeint, und wo können wir es finden?
In unserer Welt wird viel geplant und gemacht, aber wir müssen zugestehen, daß vieles nicht machbar ist. Freude zum Beispiel läßt sich nicht produzieren. Menschen, die einander gern haben, werden letztlich einander als Geschenk empfinden, als etwas, das nicht von ihnen gemacht, sondern ihnen gegeben wird. Das gilt auch für unseren Lebensmut, für ein Lied, das uns verbindet, für ein Fest, das wirklich gelingt. Tag für Tag werden wir beschenkt. Oft merken wir es freilich erst, wenn uns einmal nicht mehr gegeben ist, was wir vorher für selbstverständlich hielten.
Wir Menschen verlangen nach Freude (gerade Kinder können uns das jeden Tag zeigen), aber Freude bekommen wir nur – geschenkt. Versuchen wir, noch einen Schritt weiter zu gehen, noch tiefer in uns hinein zu fragen: geschenkt – von wem? Wer beschenkt uns eigentlich in dem, was uns froh macht?
Wenn ein Mensch von einem anderen ein Geschenk erhält, aber nur das Geschenkte und nicht den Schenkenden sieht, dann hat er das Schönste am Geschenk übersehen: daß da ein Mensch sich ihm zuwendet, im Geschenk zu ihm redet, ihm Freude machen will. Kann es sein, daß ein Gott zu uns redet in den Geschenken, die uns froh machen? Kann es sein, daß darin die Tiefe unserer Freude liegt, wenn wir entdekken: Gott wendet sich uns zu, und er will, daß wir uns freuen?

Bei manchem Schweren, das wir tragen müssen, brauchen wir viel innere Kraft. Wir können uns viel Hilfe gegenseitig geben. Aber das genügt nicht immer. Dürfen wir auf Gott vertrauen, daß er immer mit uns ist, um uns zu helfen? Dürfen wir vertrauen, daß er uns hilft, einander zu helfen?

Wer nicht gesund und wer nicht glücklich ist, der stört in unserer Welt. Tränen zu zeigen gehört sich nicht. Von unserer Gesellschaft werden alle möglichen Mittelchen angepriesen für fast jedes Leid, Rezepte, wie es abzuschaffen oder doch wenigstens zu vergessen sei. Und doch bleiben wir in unserer Welt alle mit Leid beladen. Beladen mit dem eigenen Leid, aber auch beladen mit dem Leid anderer Menschen. Keiner kann menschlich sein, der nicht offen ist für die Leidenden.

Die Last, die jeder zu tragen hat, läßt sich nicht einfach abschütteln. Es gibt viel Leid, gegen das keine Pillen helfen und noch weniger Weltverbesserungsrezepte. Wir brauchen eine innere Kraft zum Leben, zum Handeln und zum Aushalten, die nicht aus uns selber kommt. Viel Hilfe kann einer dem anderen geben. Aber manch einem fehlt der andere, der ihm beisteht. Und auch wenn wir miteinander die Last und das Leid tragen, kann uns die Frage bedrängen: Woher sollen wir denn zusammen die Kraft nehmen? Womit können wir einander trösten?

Kann es sein, daß ein Gott lebt, der den Beladenen nahe ist und sie trägt? Kann es sein, daß er die hält, die einander zu halten suchen? Gibt es im Grunde keinen wirklich verlassenen Menschen? Dürfen wir uns immer und überall einem Gott anvertrauen, der uns die Kraft zum Leben gibt?

Wir möchten gut sein, helfen, teilen, uns vertragen. Woher kommt unser Verlangen, gut zu sein? Kommt es von Gott, und ist es darum ganz wichtig, daß wir uns auf das Gute einlassen?

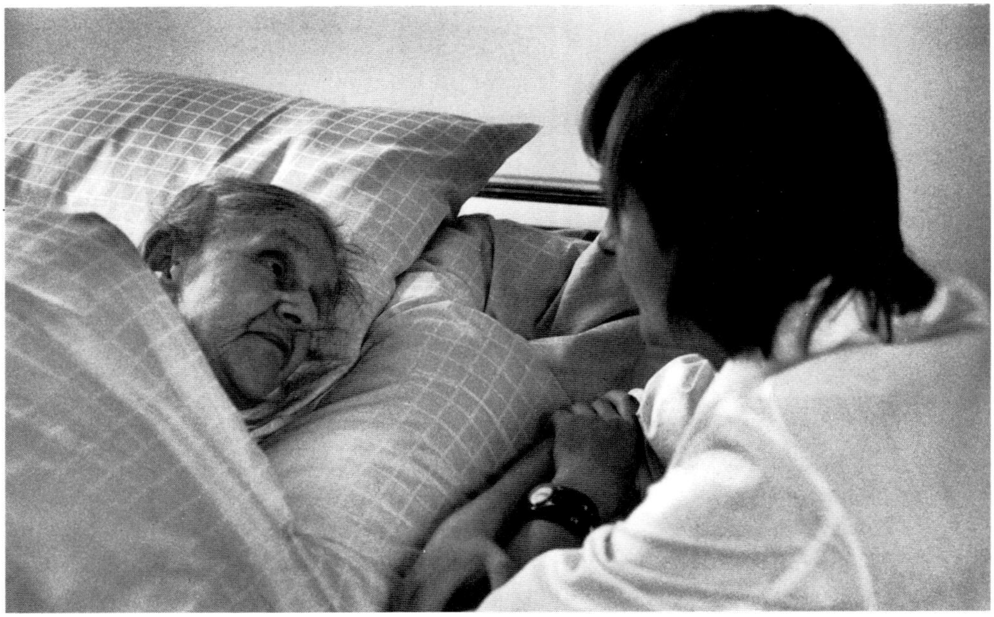

Um uns werden Vorbilder von gesunden, schönen, leistungsfähigen und erfolgreichen Menschen aufgerichtet. Sicher sind Gesundheit, Schönheit, Leistung und Erfolg wichtig. Aber ist das wirklich alles? Wollen wir wirklich nur gesunde, schöne, leistungsstarke und erfolgreiche Kinder? Oder wollen wir auch Kinder, die gut sind und die anderen (auch uns selbst) guttun? Kann uns manchmal auch ein behindertes Kind guttun? Was erfahren wir in uns, wenn wir einem Menschen begegnen, der gütig und verständnisvoll, wirklich frei und offen für andere ist? Ein Verlangen, einem solchen Menschen ähnlich zu sein?

Auch wenn nicht viel darüber geredet wird, allein mit den Tüchtigkeitsidealen unserer Gesellschaft ist uns nicht mehr ganz wohl. Wir ahnen, daß unsere Welt nur freundlicher wird, wenn wir der Freundlichkeit mehr Raum geben, und das heißt eben auch: gut werden.

Kann es sein, daß sich in unserem Verlangen nach Güte Gott bemerkbar macht? Erinnert uns dann Gott daran, daß wir uns selbst erst finden, wenn wir den anderen suchen? Daß wir uns erst ganz entfalten, wenn wir uns dem Nächsten zuwenden, mit ihm reden, ihm helfen, von Herzen gut zu ihm sind?

Kann es sein, daß ein Gott lebt, bei dem die Menschenrechte ihre Heimat haben? Liegt es an ihm, daß noch keine menschliche Gemeinschaft auf die Dauer den Haß, die Rücksichtslosigkeit, die Unversöhnlichkeit, den Egoismus zum Ideal erklärt hat, obwohl soviel davon praktiziert und auch verherrlicht wird? Ist Gott der Grund unseres Schmerzes, wenn wir mitansehen müssen, wie so viele Kräfte für den Rüstungswettlauf verbraucht werden, die für die Armen unserer Erde so bitter nötig wären?

Ist es nur ein Zufall, daß es uns Menschen gibt, die Tiere und Pflanzen, die Gestirne und unsere Erde? Oder hat Gott uns alle gewollt und geschaffen? Und wenn Gott uns geschaffen hat, wie ist er dann? Müssen wir Angst vor ihm haben? Liebt er die einen mehr als die anderen? Muß man ihm etwas geben, damit er gut zu uns ist?

„Wie gut, daß es dich gibt!“ In einem solchen Klima der Zustimmung kann menschliches Leben erst eigentlich gedeihen. Kinder brauchen das Gefühl, gewollt und angenommen zu sein, so nötig wie das tägliche Brot. Auch als Erwachsene können wir darauf kaum verzichten; wir möchten Menschen wissen, denen wir nicht gleichgültig sind, sondern die sich freuen, daß es uns gibt.
Aber wir wissen auch, wie viele Menschen niemand haben, der sie diese Freude an ihrem Dasein spüren läßt. Und müssen wir nicht sogar fragen, ob wir einander überhaupt die tiefste und letzte Überzeugung geben können, daß wir wirklich gewollt sind und daß unser Leben von einem unbezweifelbaren Ja getragen ist?
Diese Frage stellt sich auch angesichts der ungeheuren Weiten von Zeit und Raum, die uns die Wissenschaft eröffnet. Sind wir nur Staub in der Weltgeschichte des Weltraums? Ein Staub mit einem Herzen, das Freude und Leid empfindet, das höchste Träume und

umfassende Sehnsüchte kennt, aber eben doch nur – Staub? Oder wollte uns ein Gott? Wollte das Herz eines Gottes unser Herz? Hat Gott unsere Erde so gewollt, daß darauf nicht nur öde Wüste ist, sondern auch Raum für das Leben und für die Felder und Gärten der Menschen?
Viele Menschen leben in der Angst, es könnten die anderen, auf deren Zuneigung sie angewiesen sind, ihnen diese Zuneigung nur eine Zeitlang vorspielen und dann auf einmal entziehen. Oder sie erfahren, wie einige von viel mehr Wärme umgeben sind als sie selbst. Oder sie leben unter dem Druck, immer erst viel geben zu müssen, um ein Wort oder ein Zeichen zu empfangen, daß sie angenommen werden.
Wenn ein Gott lebt, wie ist er dann? Muß man Angst haben, daß auch er unzuverlässig ist? Gibt es auch bei ihm Bevorzugung und Zurücksetzung? Liebt er uns nur unter der Bedingung, daß es uns zuvor gelingt, ihn uns zugeneigt zu machen?
Wenn wir versuchen, mit Kindern von Gott zu sprechen, dann kommt es nicht zuerst auf bestimmte äußere Worte an, sondern vielmehr auf ein tieferes Verlangen. Wir entdecken es in uns und in den Kindern, es lebt in uns und in den Kindern, es verbindet uns mit den Kindern. Daß wir uns freuen möchten, daß wir Hilfe brauchen und Geborgenheit, daß wir jemand suchen, der es wirklich gut mit uns meint, daß wir die Gewißheit haben wollen, ohne Vorbehalte und ohne Bedingungen bejaht, gewollt, angenommen zu sein – das alles verbindet uns zutiefst mit den Kindern.
Erwachsene sollten nicht erwachsener tun, als sie sind. Sie sollten sich nicht überanstrengen und solches urmenschliches Verlangen verdrängen oder leugnen oder überspielen. Auch ihnen tut es gut, jemand ihre Freude zu zeigen; auch ihnen tut es not, jemand ihr Leid zu klagen. Wir alle verlangen nach Nähe, Güte, Geborgenheit. Und mit diesem unserem Verlangen hat die Frage nach Gott zu tun.
Damit wird vielleicht schon deutlich: Die Frage nach Gott ist nicht nur die Frage „An Gott glauben?", sondern auch die Frage „Auf Gott hoffen?" und die Frage „Gott lieben?" Glauben und Hoffen, Glauben und Lieben gehören von Anfang an und unauflöslich zusammen. Ist der Gott unseres Glaubens so, daß wir von ihm die Freude unseres Lebens, durch ihn die Hilfe in unserer Not, mit ihm die Verwirklichung des Guten, in ihm letzte Geborgenheit erhoffen? Ist der Gott unseres Glaubens so, daß er unser Herz anspricht und zu der Antwort führt: Wie gut, daß du da bist – Ich bin froh, daß du so zu uns bist – Ich hänge an dir!? Wir werden nur dann mit den Kindern recht von dem Gott unseres Glaubens sprechen können, wenn wir dabei auch von unserer Hoffnung und von unserer Liebe sprechen.

Wir Christen glauben an Gott; aber nicht an irgendeinen Gott.

Wir glauben Jesus, wie er uns Gott durch das zeigt, was er tut und sagt. Jesus kannte Gott, und wir können Gott durch Jesus kennenlernen.

Christ ist man noch nicht dadurch, daß man irgendwie an Gott glaubt. Es gibt auch falsche Götter. Religion ist nicht einfach gut und unschuldig. Es gibt auch grausame Götter, die ihre Anbeter grausam machen. Was war das für ein Gott, von dem auf den Koppelschlössern der Soldaten behauptet wurde, er sei mit ihnen? Und was war das für ein Gott, auf den man sich berief, um Jesus von Nazaret zum Tod zu verurteilen?

Manchmal wird so leichthin gefragt, ob einer an Gott glaubt oder nicht, und solche Frage nach Gott hat dann auch weiter kein Gewicht. Viel wichtiger ist es, zu fragen, an was für einen Gott einer glaubt, welches „Gesicht" er hat, wie er sich zeigt und wie er wirklich ist.

Wenn wir Christen – auch Kindern gegenüber – sagen wollen, an welchen Gott wir glauben; wenn wir Rechenschaft geben wollen, auf welchen Gott wir hoffen; wenn wir zeigen wollen, an welchem Gott unser Herz hängt – dann müssen wir von Jesus erzählen. Das ist die Grundregel unseres Glaubens: Ihm, Jesus, glauben wir seinen Gott und Vater.

Bei jeder Frage nach Gott müssen wir uns fragen: Was sagt Jesus dazu? Manchmal haben sich Christen an diese Grundregel nicht genug gehalten. So konnte sich auch unter uns manches Gerede von Gott ausbreiten, das von Menschen ausgedacht, aber nicht von Jesus abgehört war. Wir dürfen bei den Kindern nicht den Eindruck erwecken, als wüßten wir von uns aus über Gott Bescheid. Aber wir dürfen und sollen ihnen weitergeben, daß wir in unseren Fragen nach Gott einen haben, an dem wir uns orientieren. Jesus zeigt uns, wer Gott für uns ist, durch das, was er sagt und was er tut.

Angefangen hat alles im Land der Juden. Das Bild zeigt uns die Gegend am See Gennesaret. Hier war die Heimat Jesu. Hier begann es, daß Menschen Jesus glaubten.

Jesus sagte und zeigte:

Gott ist immer nahe bei uns. Wir können ihm unsere Freude und unsere Not zeigen. Er sieht, was wir brauchen. Er hilft uns, weil er uns liebt.
Er liebt alle ohne Unterschied. Er liebt gerade auch die, denen es nicht gutgeht. Er will, daß wir ihnen helfen. Gott zeigt seine Liebe zu den Menschen gerade dadurch, daß er Menschen dazu drängt, zu anderen Menschen gut zu sein.

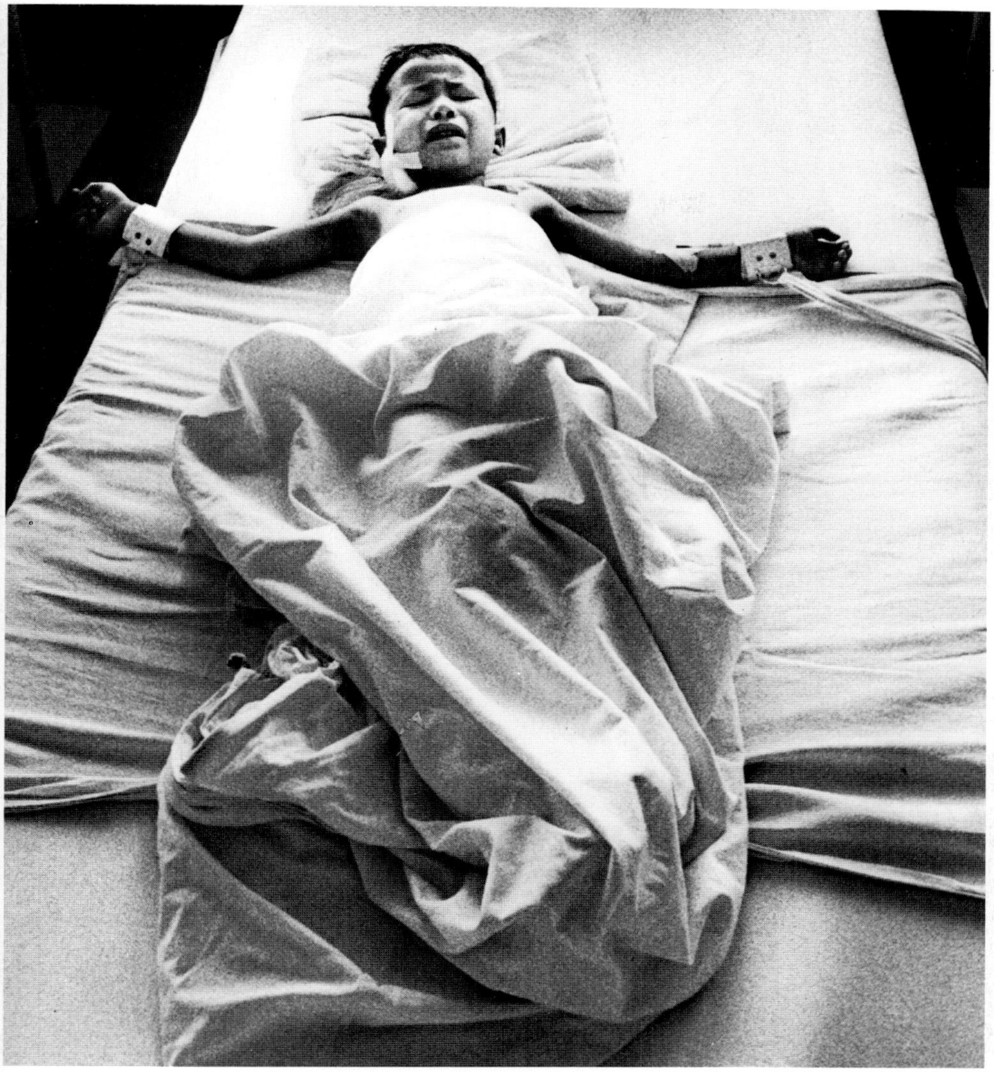

Jesus nimmt die Grundbotschaft des Alten Bundes auf: Gott ist seinen Menschen helfend nahe. Oft übersehen wir, was für Jesus sehr wichtig, vielleicht das Wichtigste ist: das Gebet. Mit Beten ist ja nicht zuerst gemeint, daß wir Worte machen. Beten bedeutet: Wir verlassen uns darauf, daß Gott uns helfend nahe ist und daß wir ihm darum alles zeigen können, was uns bewegt, unsere Freude und unsere Not.
Für das Beten können wir von Kindern viel lernen. Wie oft kommen sie, um uns etwas zu zeigen! Und wie wichtig ist es, daß wir hinsehen und anerkennen, trösten und Mut machen. Beten heißt: zu Gott hingehen und ihm zeigen, was uns bewegt. Staunend, klagend, bittend. Im Vertrauen, daß er uns ansieht, daß er uns gern hat, daß er uns hilft. In solchem Vertrauen (das uns oft beschämt) kommen die Kinder ja auch zu uns.
Die Grundbotschaft vom helfend nahen Gott war und ist von zwei Seiten bedroht, gegen die Jesus sie mit äußerster Entschiedenheit schützt. Die erste Bedrohung kommt aus der Vorstellung: Gott – wenn es ihn gibt – scheint ein Gott der Reichen und der Sieger, der Starken und der Großen, der Gesunden und der Jungen zu sein. Viele Menschen aber liegen im Schatten des Lebens: Arme und Unterlegene, Schwache und Hilflose, Kleine und Verachtete, Kranke und Alte. Auf ihnen liegt nicht nur die Last der äußeren Not. Auf ihnen liegt viel schlimmer der Verdacht, daß ihr Leben nicht voll bejaht ist; daß sie von Gott übersehen und vergessen werden; daß es fraglich ist, ob es sie überhaupt geben soll. Wenn es einen Gott gibt, was gehen ihn dann solche Menschen an?
In Jesus zeigt sich Gott gerade als ein Gott derer, die ohnmächtig sind und Gerechtigkeit entbehren. Er zeigt sich als ein Gott derer, die Hunger und Durst haben, die vor Schmerzen weinen, die arm und klein und bedeutungslos sind. Er nimmt von ihnen den Verdacht, sie seien von ihm vergessen. Weil Gottes entschiedene Aufmerksamkeit dem bedrohten, geschädigten, verkümmerten Menschenleben gilt, weil er es retten, heilen und zur Entfaltung bringen will, deshalb zeigt Jesus: Die Liebe zu Gott und die Liebe zu denen, die Gott liebt, gehören zusammen; sie sind im Grunde und im Ursprung eins.
Wir Menschen dürfen es nicht wagen, die Not so vieler Menschen als fragende Anklage gegen einen möglichen Gott hochzuhalten. Es ist Gott, der uns die hilfsbedürftigen Mitmenschen hinhält und uns fragt, warum wir ihnen durch unsere Zuneigung nicht entschieden genug zeigen, daß gerade sie seine „Lieblinge" sind. Gott selbst ist der Anwalt der Kleinen und der Opfer der Geschichte. Oft hat er seine Stimme für sie erhoben, bis er sich zuletzt in Jesus selbst auf ihre Seite begab.

Gott liebt uns auch, wenn wir nicht gut sind. Er vergibt uns, und so hilft er uns, daß wir uns zum Guten verändern. Er hilft uns im Kampf gegen das Böse in uns und um uns.

Gott ist noch nicht fertig mit der Welt, wie er sie haben möchte. Er bereitet für uns ein ganz großes Fest vor. Er lädt alle dazu ein, und er hilft uns auf dem Wege dahin.

Es gibt noch eine zweite Bedrohung der Botschaft vom rettend nahen Gott: der vermessene Versuch des Menschen, sich selbst vor Gott als gut, als wertvoll, als liebenswürdig hinzustellen, um auf diese Weise Gott in die Gewalt zu bekommen. Der seiner selbst sichere Mensch schaut immer auf die scheinbar weniger Vollkommenen von oben herunter. In dieser Luft von Hochmut und Heuchelei gedeiht eine Religion der sogenannten anständigen Leute, die unter tausend Masken und in wechselnden Weisen andere Menschen als minderwertig einstuft, aussondert und kleinhält.
Jesus wendet sich gerade auch denen zu, die sich ihres Wertes zutiefst unsicher sind. Er geht den Verlorenen nach. Er nimmt von den Menschen den Druck, sich erst annehmbar machen zu müssen, um von Gott angenommen zu werden. Nur eine Erwartung Gottes an den Menschen zeigt Jesus: daß der Mensch vor Gott Geschöpf bleibt; daß er zur Demut zurückfindet; daß er sich von der ihm zuvorkommenden Liebe Gottes einholen läßt; daß er Vergebung sucht; daß er sich neue Anfänge schenken läßt. Auch wenn einmal das Gericht sein muß, in Jesus zeigt Gott, daß es seine Freude ist, zu vergeben und Menschenleben zu retten.
Heute fragen viele, was geschehen muß, daß einmal unter allen Menschen Brüderlichkeit und Gleichheit verwirklicht werden. Die wichtigste Vor-

Weil Gott so gut ist, weil er so wie ein ganz guter Vater ist, dürfen wir mit Jesus beten: Vater unser!

aussetzung liegt vielleicht darin, daß wir uns alle in Demut eingestehen: Wir leben aus der unverdienten Zuwendung Gottes. In dieser Wahrheit über den Menschen ist keiner dem anderen überlegen. In ihr sind auch die Eltern nicht größer als ihre Kinder.

Schon in der Welt, wie sie jetzt ist, dürfen wir vieles empfangen, was uns froh macht. Es ist wichtig, dies mit den Kindern staunend zu entdecken und dafür mit ihnen Gott zu loben. Aber es ist ebenso wichtig, den Kindern deutlich und offen zu bezeugen, daß unsere Freude an Gott nicht allein und nicht einmal zuerst in der Welt gründet, wie sie jetzt ist. Noch leben wir in einer Geschichte mit Gott, und dies ist auch eine Geschichte der Dunkelheit und der Zweifel. Auch Kinder haben damit bereits ihre Erfahrungen. Erst das Ende wird ganz offenbar machen, wie gut es Gott mit uns meint.

Wir sprechen mit den Kindern nicht oft darüber. Vielleicht fällt es uns deshalb so schwer, weil wir uns zu sehr auf diese vorläufige Welt eingerichtet haben und weil wir uns zu engherzig mit ihren kleinen, begrenzten Freuden begnügen. Vielleicht müssen wir erst wieder träumen lernen von einer Welt, in der niemand mehr leiden muß. Vielleicht müssen wir selbst mehr im Aufbruch leben, eher zelten als wohnen.

Kinder haben heute nicht selten vielfach gebrochene Vatererfahrungen. Deshalb wird manchmal kritisch gefragt, ob es gut sei, mit den Kindern zu Gott „Vater“ zu sagen. Tatsächlich müssen wir uns dessen bewußt bleiben, daß dieses Wort ein Bild ist. Aber wir sollten an diesem Bild aus zwei Gründen hängen. Zum einen verweist Jesus selbst uns in diesem Bild auf seinen ganz guten Gott und Vater. Und zum anderen werden Eltern ihren Kindern durchaus zu verstehen geben, daß der Versuch, eine gute Mutter oder ein guter Vater zu sein, nie vollkommen gelingen kann; manches aber gelingt, und das kann ein Wegzeichen zu dem einen Vater sein, dessen ganz guten „Händen“ wir uns in Freude und Leid, im Leben und im Sterben anvertrauen dürfen.

Mit bedachter Konsequenz wird in diesem Abschnitt Jesus als der vorgestellt, der Gott kennt und der uns Gott zeigt. Es geht zunächst um die Frage, welchen Gott uns Jesus in seinem Vater nahebringen will. Der weitere Weg in das Geheimnis der Gottessohnschaft Jesu soll erst im nächsten Abschnitt gewiesen werden. Es muß jedoch auch gesehen werden, wie der Weg in das Geheimnis der Gottessohnschaft Jesu bereits vorbereitet und begonnen wird, wenn Jesus als der zuverlässige Kenner Gottes gezeigt wird. Die Gewißheit und Entschiedenheit, mit der Jesus von Gott kündete, ließ schon damals fragen: Wer ist dieser? Und der betende Jesus ließ in seinem Vertrauen die Ahnung wachsen, dieser Mensch sei tiefer eins mit Gott, als es irgendein Mensch sonst sein kann.

Wir glauben an den Gott, den Jesus uns zeigte; denn Gott hat gezeigt, wie ganz recht Jesus hat.

Das war so: Jesus kämpfte gegen das Leid und gegen das Böse. Und einige Menschen, die anders von Gott dachten als Jesus, kämpften gegen Jesus. Sie brachten Jesus um. Aber das war nicht das Ende.
Einige waren sehr froh darüber, wie Jesus Gott zeigte, und sie liebten Jesus sehr. Beim Tode Jesu waren sie sehr traurig und verwirrt. Aber nach seinem Tode durften sie Jesus lebendig sehen. Sie erkannten: Gott hat Jesus in seinem Tode nicht allein gelassen. Er hat Jesus im Tode bei sich aufgenommen und zum Leben auferweckt. Obwohl wir Menschen jetzt noch nicht sehen können, wie Gott lebt und wie Jesus jetzt bei Gott lebt, sollten es einige damals sehen. Sie sollten glauben, daß Jesus recht hat, und sie sollten es allen Menschen weitersagen.

Im Kreuz und in der Auferstehung geht es nicht nur um das persönliche Schicksal Jesu. Das Kreuz tauchte Jesu Botschaft von Gott in den Verdacht der Unglaubwürdigkeit. Jesu Verlassenheit und Sterben schien zu belegen, daß der Gott, den er zeigt, nicht lebt. Es triumphierte der Gott der Machthaber. Jesus schien eine Illusion verkündet zu haben. Sein Zeugnis für den Gott der Geringen und für den Gott der unermüdlichen Vergebung schien in der Tat eine Lästerung des Gottes der rücksichtslosen Sieger und der selbstgerechten Richter zu sein. In die Trauer um den Tod Jesu mischte sich bei seinen Jüngern die Trauer darum, daß Gott sich nicht als der Gott und Vater Jesu zeigte.
Darum ist die Freude der Auferstehung nicht nur die Freude darüber, daß Jesus lebt. Es ist auch und entscheidend die Freude darüber, daß der Gott lebt, den Jesus gezeigt hat. Es ist die überwältigende Freude, daß Jesu gute Botschaft von Gott ihre siegreiche Bestätigung erhält.
Als Zeugen des Auferstandenen werden die berufen, die an Jesus und an seiner Botschaft von Gott hingen. Diese Tatsache unterstreicht den Zusammenhang von Glaube, Hoffnung und Liebe. Auch heute sind nur die für das Geschenk des Glaubens geöffnet und geeignet, die von Herzen wünschen, es möge doch der Gott, den Jesus zeigt, der wahre und lebendige Gott sein. Auch heute kann der Glaube nur in Menschen wachsen und sich entfalten, die ihre Hoffnung darauf setzen, daß dieser Gott lebt. Und auch heute kennt Gott Wege, denen, die der Botschaft der Auferstehung hoffend und liebend glauben wollen, zu zeigen, wie recht sie mit ihrem Wunsch haben.

IHS NAZARE
REX IUDEORU

Nach der Auferstehung erkannten die Jünger auch erst richtig, woher es kam, daß Jesus zu Gott so ganz vertraut „Vater“ sagte. Sie erkannten: Jesus ist ganz der Sohn Gottes, des Vaters; er ist in Liebe ganz eins mit seinem Vater; Gott, der Vater, schenkt uns in Jesus seinen eigenen Sohn als Helfer und Heiland. So sehr liebt uns Gott.

Das Licht der Auferstehung führt auch tiefer in das Geheimnis der Person Jesu. So mutig und wahr das Bekenntnis „Jesus Christus ist wahrer Mensch und wahrer Gott“ ist, so banal kann es wirken, wenn es nicht als Ende eines immer wieder zu gehenden Weges in ein Geheimnis und ohne ein fast zögerndes Staunen gesagt wird.

Der Weg in das Geheimnis der Person Jesu führt über die Betroffenheit angesichts der Tatsache, wie vertraut Jesus zu seinem Gott „Vater“ sagt und von ihm spricht. Die Betroffenheit läßt ahnen, daß Jesus Sohn dieses Vaters nicht nur im Bild, sondern in letzter Wirklichkeit ist. Der Glaubende kann wahrnehmen lernen, daß zwischen diesem Sohn und diesem Vater nichts ist, was sie trennt; daß sie vielmehr ganz eins sind in ihrem Leben und Wollen. Und dann wird das Bekenntnis möglich, daß Gott in Jesus nicht nur einen Menschen für seine Botschaft aufgeschlossen und zum Zeichen seiner Liebe gemacht hat; daß er in Jesus vielmehr seinen Sohn gab, von seinem eigenen Leben nahm, sein eigenes Herz öffnete – für uns. Wenn wir Jesus als den Sohn Gottes anbeten, beten wir immer auch die Liebe des Vaters an, die so weit ging und so weit geht, daß sie uns den eigenen Sohn gab und gibt.

Die ersten, die an Jesus glaubten, nannten ihn „Christus“, weil er sie von der Macht des Bösen befreit und den Frieden unter uns Menschen wachsen läßt. Mit ihnen nennen wir uns Christen und glauben an Jesus Christus, der weiter mit uns ist. Er ist mit uns, wenn wir froh sind und wenn wir traurig sind. Er ist mit uns, wenn wir um Frieden bemüht sind. Er ist mit uns, wenn wir beten. Er ist mit uns, wenn wir von ihm hören. Er ist mit uns, wenn wir zusammenkommen als seine Kirche. Besonders ist er mit uns, wenn wir ihn in der Feier seines Mahles empfangen.

Wir sind nicht die Hinterbliebenen eines Toten. Wir sind begleitet und umgeben von dem lebendigen Jesus Christus. Seine Gegenwart findet ihren Höhepunkt in der heiligen Feier der Eucharistie, ist aber keineswegs darauf beschränkt oder außerhalb der Eucharistie weniger wirklich.

Zur Mitte der Frömmigkeit des Alten Bundes gehörte die Übung, sein Leben „im Angesicht Gottes" zu vollbringen, vor ihm und mit ihm zu leben. Auch die christliche Glaubenserfahrung kennt ein „Beten ohne Unterlaß". Damit ist nicht gemeint, daß einer unablässig Gebete spricht. Vielmehr geht es um ein Bewußtsein und eine ganze Lebenshaltung, die von der Glaubensgewißheit geprägt ist: Gott sieht, Gott hört, Gott spricht, Gott versteht, Gott hilft, Gott ist gut, Gott ist nahe.

Es ist ähnlich wie bei einem Kind, dessen Bewußtsein zutiefst davon geprägt ist, wenn es der liebenden Nähe seiner Eltern gewiß sein darf. Oder wie mit den Erfahrungen von Liebe und Treue in der Ehe, die das Bewußtsein der Ehegatten in wachsendem Maße erfüllen und die einen Menschen schließlich ganz zum Ehemann oder zur Ehefrau machen.

So wird der Mensch durch seine Geschichte mit seinem ihm nahen Gott zum „Frommen". Und so wird einer, der sich treu darin übt, sich Jesus Christus anzuvertrauen und mit ihm den Weg seines Lebens zu gehen, zum Christen.

Ähnlich wie die ersten Jünger dürfen wir erfahren, daß Jesus uns eine innere Kraft, eine lebendige Liebe, einen starken Trost schenkt.
Es ist der Heilige Geist, der in uns wirkt. Er macht uns zu Brüdern und Schwestern Jesu Christi und zur Kirche, die heute sagen und zeigen soll, wer Gott für uns Menschen ist.
In ihm dürfen wir mit Jesus auf Gott vertrauen und Gott unseren Vater nennen. Er erinnert uns immer neu an Jesu gute Botschaft von Gott.
Er hilft uns, mit Jesus gegen das Leid und gegen das Böse zu kämpfen.
Er schenkt uns Freude an Gott und Hoffnung auf die Vollendung der Welt.

Der schlimmste Verdacht, dem unser Glaube ausgesetzt ist, lautet: Der Glaube bleibe wirkungslos; im Grunde sei es gleichgültig, ob ein Gott lebt und wer er ist; und dann sei es auch nicht weiter wichtig, ob man an Gott glaubt und an welchen Gott man glaubt.
Wenn wir Rechenschaft von unserem Glauben geben wollen, müssen wir auch etwas von der Wirkung Gottes auf uns und an uns sagen können. Wir müssen etwas von unseren Erfahrungen in unserer Geschichte mit Gott mitteilen können. Das heißt: Wir müssen etwas vom Heiligen Geist beken-

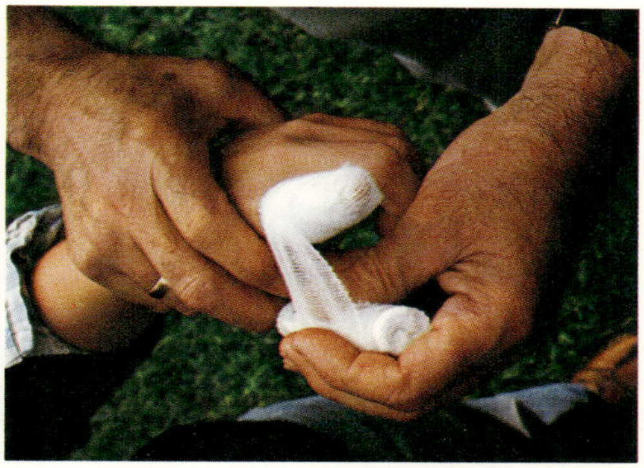

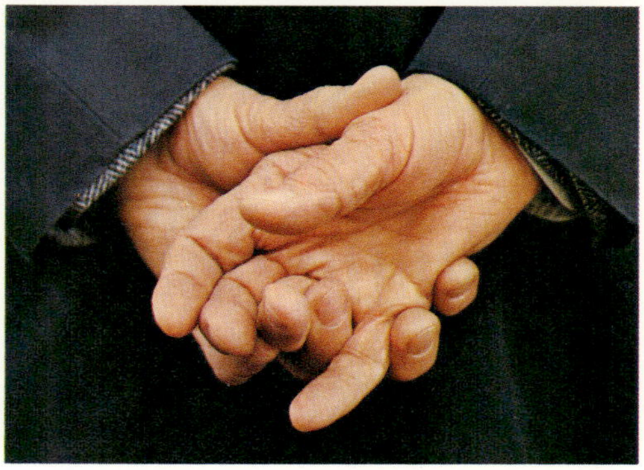

nen; denn er ist es, durch den Gott an uns wirkt.
Gemeint sind hier nicht hochgespannte sogenannte religiöse Erlebnisse. Gemeint ist wohl, daß uns ein Gebet einmal verändert hat. Oder daß wir in einer unversöhnten Situation unruhig blieben. Oder daß wir durch eine Eucharistiefeier wieder hoffnungsvoller an unsere Aufgabe gingen. Oder daß uns fremdes Leid zur Hilfe drängte. Oder daß uns ein eigenes Leid nicht bitter und neidisch werden ließ, weil die Gemeinschaft mit dem leidenden Sohn unseres Gottes uns tröstete.
Es ist Werk des Geistes, wenn Hände von Menschen unsere Welt wohnlicher gestalten, um anderes Leben besorgt sind, sich zum Gebet falten, Vergebung schenken und annehmen, Kontakt suchen, in zärtlicher Liebe zusammenfinden oder sich vertrauensvoll nach dem Brot des Lebens ausstrecken.
Oft wird es uns schwer sein, von Gottes Wirken an uns selbst zu sprechen, weil wir immer zugleich zugeben müssen, daß wir uns dem Einfluß Gottes auch entziehen. Weil wir in der Gemeinschaft der Kirche leben, dürfen wir dann von den Menschen sprechen, an denen Gott in besonderer Weise wirkt. Wenn wir von den Heiligen erzählen, erzählen wir vom Heiligen Geist.
Unser Auftrag als Kirche ist es, die Güte und Menschenfreundlichkeit unseres Gottes anzuzeigen. Kinder in den Glauben einführen heißt auch, sie an die wichtigste Frage der dauernden kirchlichen Erneuerung heranzuführen: Wie können wir deutlicher zeigen, daß der Gott unseres Glaubens, unserer Hoffnung und unserer Liebe der Gott ist, der den Menschen nahe ist, der besonders den Menschen nahe ist, die Hilfe und Vergebung brauchen?

Warum Menschen auf ihrem Lebensweg so viel leiden müssen, können wir noch nicht verstehen. Das Leid hängt auch damit zusammen, daß wir uns gegen das Gute wehren und so viel Leid übereinander bringen. Wir dürfen aber glauben, daß uns auch unser Leid mit Gott verbindet, wenn wir es mit Jesus tragen.
Wir können auch noch nicht verstehen, warum Gott Jesus, seinen Sohn, den er so liebt, am Bösen der Menschen leiden und sterben ließ. Es hängt damit zusammen, daß Gott uns durch die Liebe, die er uns in seinem Sohn zeigt, ändern will. Mit Gewalt und Macht und Strafe ändert man niemanden.

Immer wieder treffen wir auch bei Menschen in der Kirche auf die Erwartung, Gott müsse die von Leid verschonen, die treu an ihn glauben. Es ist menschlich, so zu denken. Aber Jesu Botschaft von Gott und noch deutlicher seine eigene Geschichte mit Gott zeigen, daß auch unsere Geschichte mit Gott durch das Leid hindurchführt.
Oft wird freilich allzu unbedacht gesagt, Gott schicke das Leid oder, sogar, Gott wolle das Leid. Wir müssen hier sehr vorsichtig reden, und gerade Kindern gegenüber, die schon sehr früh Erfahrungen mit dem Leid machen. Wir müssen ganz offen zugeben, daß wir das Leid weder verstehen noch erklären können. Wir dürfen aber überzeugt sein und diese Überzeugung weitergeben: Gott will nicht unser Leid, sondern unsere Freude; Gott bleibt uns nahe, ganz besonders dann, wenn unser Weg in seine Freude durch das Leid hindurchführt.
So leicht wir uns manchmal mit dem Kreuz Jesu abfinden, so schwer können wir uns an das eigene Kreuz gewöhnen. Zweifel an der Liebe Gottes kommen uns oft erst dann, wenn wir selbst oder Menschen, die uns nahe sind, vom Leid getroffen werden. Aber noch viel rätselhafter und bedrückender als die Frage unseres eigenen Leides ist eigentlich die Frage, warum Gott seinen geliebten Sohn an der Härte der Menschen leiden und sterben ließ.
Wir können es noch nicht verstehen. Aber es muß damit zusammenhängen, daß Gott alles tun und alles versuchen will, um uns zu erreichen und uns zur Umkehr, zum Leben, zur Freude zu bringen. Gott könnte sein Reich auch ohne das Kreuz, nämlich mit Gewalt und Macht vollenden, damals wie heute, und das würde durch ein furchtbares Gericht geschehen. Gott will aber nicht den Tod des Menschen, sondern ihm liegt alles an unserem Leben, und das Leben erreichen wir nur durch unsere Änderung, durch unsere Umkehr zu Gott und zueinander.
Vielleicht wird so ein wenig zugänglich, warum Gott bis zum äußersten ging, was die Liebe tun kann: am anderen leiden. Vielleicht ist Eltern die Erfahrung gar nicht so fremd, daß sie ihre Kinder nicht mit Gewalt und Macht ändern können und daß ihnen, um ihre Kinder zu erreichen, manchmal nur das letzte bleibt: an ihren Kindern leiden.

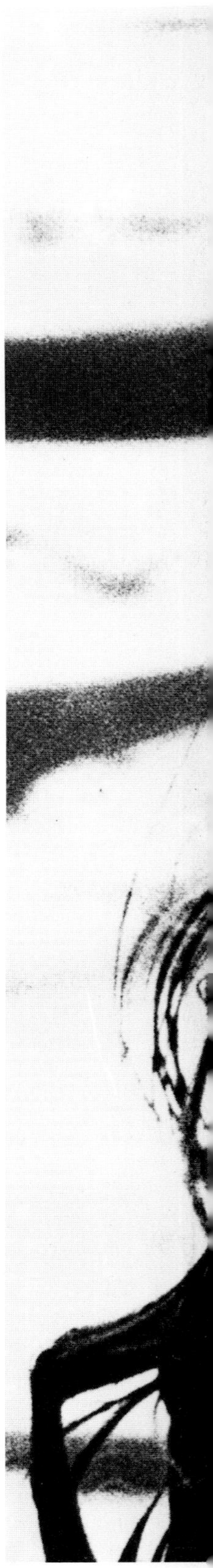

An einem Tag, den wir nicht kennen, macht Gott seine Welt vollkommen gut. Dann sollen wir alle Gott und seinen Sohn Jesus auch schauen können. Wir werden in unserer Liebe zu Gott und in unserer Freude an ihm endgültig sicher sein. Das wird das große Fest, von dem Jesus sprach und auf das wir uns jetzt schon freuen dürfen.

Christliche Freude an dem Gott, den Jesus zeigt, ist in ihrer Unverfügbarkeit und Bedrohtheit immer auch Freude auf Gott. Freude darauf, daß er sich einmal endgültig zeigen wird. Freude darauf, daß wir ihn einmal schauen dürfen von Angesicht zu Angesicht. Freude darauf, daß wir erleben dürfen, wie er einmal alle Wunden heilen und alle Tränen trocknen wird.
So dankbar wir das Zeichen der Gemeinschaft mit Gott durch Jesus Christus im Heiligen Geist in der Feier der Eucharistie begehen, es hängt ein Leiden daran, daß es erst eine unter Zeichen verborgene Gemeinschaft ist. Gegenwärtige Freude an Gott ist darum vorläufige Freude, Vorfreude, „bis er kommt in Herrlichkeit“.
Für diese endgültige Zukunft haben wir nur Bilder und Träume, in denen unsere Sehnsüchte und die Verheißungen Gottes zusammengewachsen sind. Könnten wir uns diese Zukunft bereits vorstellen, dann wäre sie nicht wirklich die vollkommene Zukunft; denn unser Vorstellungsvermögen ist sehr begrenzt. Wir vergessen, wie sehr wir dem Staub gleichen, wenn wir die Möglichkeiten Gottes nach unseren Möglichkeiten oder unserem Vorstellungsvermögen bemessen.

Es wird aber auch ein ernster Tag; denn wir werden auch ganz deutlich sehen, wie unrecht wir haben und wie hart wir Menschen sind, wenn wir den Kampf gegen das Leid und gegen das Böse nicht mitkämpfen.

Das Wort vom Gericht wird oft mißverstanden, so als ob es „von außen“ über uns kommen würde. Gemeint ist aber vielmehr: Wir werden dann erst auch uns selbst bis auf den Grund sehen, wenn wir schauen dürfen, wie Gott uns in der Geschichte unseres Lebens unermüdlich gesucht hat und uns voller Liebe zugewandt war.
Wie werden wir uns dann sehen, wenn wir keinem etwas vormachen können? Diese Frage ist nur auszuhalten in der Hoffnung, daß Gott seine Allmacht vor allem im Erbarmen zeigt.

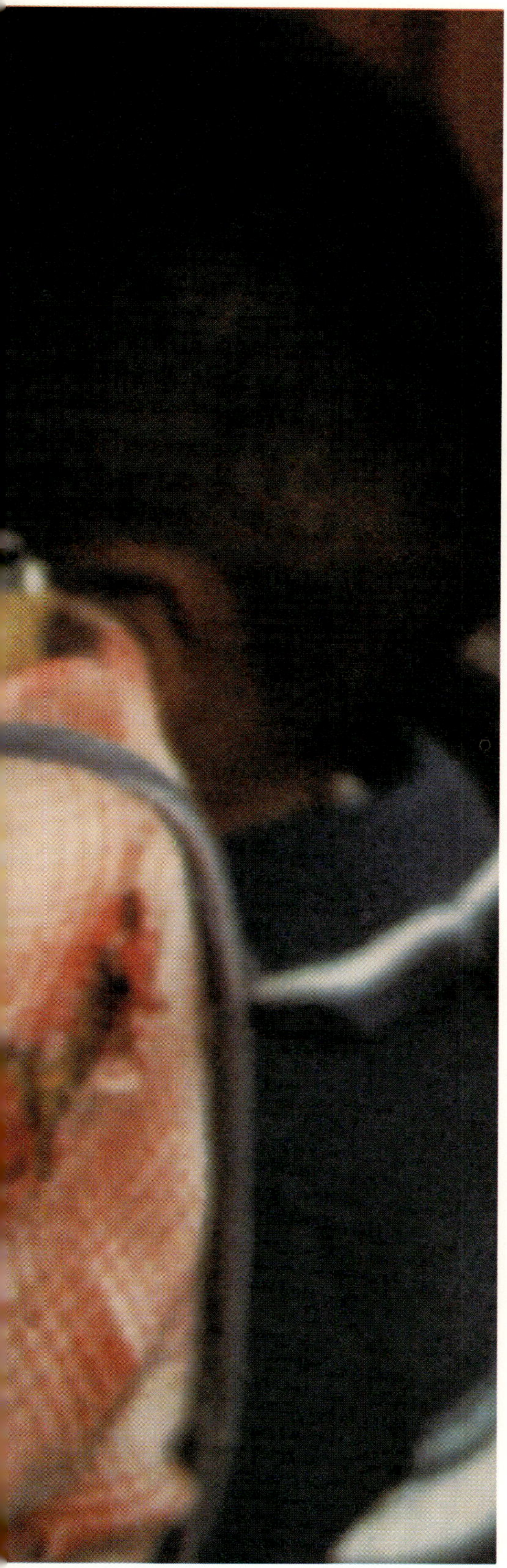

Wir beten, daß Jesus mit der Welt kommt, in der wir den Vater und ihn schauen können und in der niemand mehr weinen muß. Und zugleich beten wir, Gott möge uns immer wieder zum Guten drängen, damit er einmal ganz gutmachen kann, was er mit uns angefangen hat.

Das Bitten des Christen steht in bleibender Spannung zwischen zwei Polen. Der eine Pol ist der Ruf nach dem endgültigen Kommen Gottes: Dieser Ruf liegt uns vielleicht heute wieder näher. Wir sehen heute nüchterner, wie begrenzt unsere Möglichkeiten sind, das Leid abzuschaffen, Waffen in landwirtschaftliche Maschinen umzuwandeln, den Kindern eine freundliche Welt zu hinterlassen. Es kann eine berechtigte Müdigkeit geben, die nicht gleich Resignation ist; sie ruft Gott herbei, daß er komme und unsere Möglichkeiten mit seinen Möglichkeiten überhole. Der andere Pol ist unsere Aufgabe hier und heute. Der Ruf nach Gottes Zukunft darf uns nicht gegenwartsvergessen machen.
Wir müssen und dürfen der Zukunft Gottes entgegengehen. Wir müssen und dürfen immer wieder anfangen. Besser: Wir müssen und dürfen Gott etwas mit uns anfangen lassen, um dann hoffen zu können, daß er etwas – wenigstens etwas – an uns findet, was er in seiner Zukunft vollenden kann.

Für unsere Verstorbenen beten und hoffen wir, daß Gott sie mit Jesus bei sich aufnimmt, tröstet und vollendet.

Christliches Hoffen auf die Zukunft verbindet uns Heutige mit unseren Toten. Weil wir für sie hoffen dürfen, daß Gott sie in ihrer Sehnsucht nach Freude und Frieden nicht vergessen hat, deshalb dürfen wir auch für uns hoffen. Indem wir unsere Hoffnung für die Toten hochhalten, bekennen wir Hoffnung auch für die Lebenden. Und indem wir die Toten uns nahe glauben – in dem Gott, der uns nahe ist –, vertrauen wir darauf, daß der Tod uns weder von Gott noch von denen trennen kann, die uns angehören.

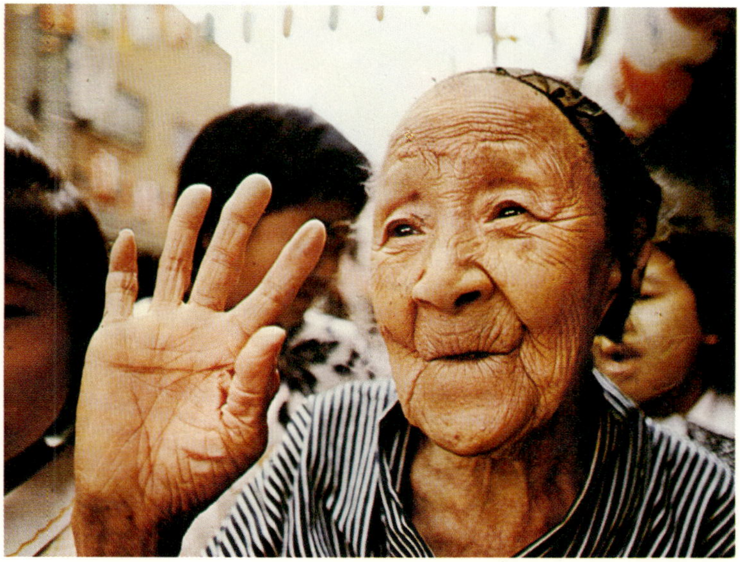

Was Jesus gesagt und getan hat
und der Weg, den er gegangen ist, ist uns als
Wort für uns in der Heiligen Schrift überliefert.
Dort finden wir etwa folgenden Aufruf Jesu,
der vieles zusammenfaßt:

Freuen dürfen sich alle,
die Gott zutrauen, daß er uns liebt,
auch wenn wir nicht tüchtig und gut,
schön und reich sind. Gott wird
ihnen zeigen, wie reich wir sind
durch seine Liebe.

Freuen dürfen sich alle,
die mitleiden, wenn sie sehen, wie
andere leiden. Gott wird ihnen ein
ganz frohes Herz schenken, wenn
einmal kein Mensch mehr leiden muß.

Freuen dürfen sich alle,
die andere Menschen nicht unterdrücken und schlagen, sie nicht betrügen und ihnen nichts wegnehmen. Gott wird ihnen zeigen, wie schön es ist, wenn die Menschen in Frieden zusammenleben.

Freuen dürfen sich alle,
die sich und allen Menschen eine Welt wünschen, in der alle Menschen leben und sich freuen können. Gott wird ihren Wunsch erfüllen.

Freuen dürfen sich alle,
die andere Menschen verstehen wollen, mit ihnen teilen, ihnen helfen und vergeben. Gott wird ebenso gut und noch viel besser zu ihnen sein.

Freuen dürfen sich alle,
die das Gute tun, zu dem Gott ihr Herz bewegt. Sie werden einmal sehen, wie ganz gut Gott ist.

Freuen dürfen sich alle,
die sich dafür einsetzen, daß Frieden zwischen den Menschen ist. Sie werden erleben, wie eng sie mit Gott verbunden sind.

Freuen dürfen sich alle,
die jetzt von anderen Menschen verfolgt werden,
weil sie Gottes Willen verwirklichen wollen.
Sie werden mit Gott in einer neuen Welt leben.

Übersicht über den Inhalt

Vorwort 2

1. Fragen nach Gott

Froh sein 4
Schweres tragen 6
Gut sein 8
Angenommen sein 10

2. Wie Jesus uns Gott zeigt

An Jesus Gott kennenlernen 13
Gott liebt alle und gerade die Leidenden 16
Gott vergibt und bereitet ein Fest für alle 18
Gott: Unser Vater 20

3. Warum wir Jesus glauben

Jesus: gekreuzigt und auferweckt 22
Gottes Sohn: Geschenk des Vaters an uns 24

4. Als Christen leben

Christus ist mit uns 26
Sein Geist wirkt in uns 30

5. Hilfe im noch unverstandenen Leid

6. Leben in der Hoffnung

Der Tag der Vollendung 34
Ein ernster Tag 36
Gebet um Gottes Zukunft und für unsere Gegenwart 38
Hoffen für die Toten 40

7. Jesu Rufe zur Freude

4. Auflage

Alle Rechte vorbehalten – Printed in Germany
© Verlag Herder Freiburg im Breisgau 1977
Imprimatur. – Freiburg i. Br., 15. Juli 1977, Dr. Schlund, Domdekan
Herstellung:
Freiburger Graphische Betriebe 1978
ISBN 3-451-17999-7

Gestaltung: Erich Priester

Fotos: Umschlag Herbert Plomin; S. 2/3 Gerd Plessl Agency/McBride; S. 4/5 Vollmer/present (r.), Melters/present (l.), Christoph/present (u.); S. 6/7 G+J-Fotoservice; S. 8/9 Kluyver/present (l. o.), Hildenhagen/present (l. u.), Mangold/present (r.); S. 10/11 G+J-Fotoservice; S. 12/13 KNA-Bild; S. 14/15 Erich Lessing (See Gennesaret) und Herder-Bildarchiv (Miniatur aus Perikopenbuch Heinrichs II.); S. 16/17 Walter Vogel (l., o. Mitte), Herzog/present (u. Mitte), Fischer/present (r.); S. 18/19 Keystone (2); S. 20/21 Kempf; S. 23 Toni Schneiders (Kreuz von San Damiano, Assisi); S. 24/25 Herder-Bildarchiv (Hugo van der Goes, Anbetung der drei Könige); S. 26/27 G+J-Fotoservice (l., r.), K. de Riese (u. r.); S. 28/29 Birgitta Singer (l.), KNA-Bild (r.); S. 30/31 Ulrich Kempf (7), G+J-Fotoservice (1), Herder-Bildarchiv (Albrecht Dürer, Betende Hände); S. 32/33 Melters-present; S. 34/35 G+J-Fotoservice; S. 36/37: Markus (l.), Thomas Höpker (r.); S. 38/39 Samsom/Rous (l.), G+J-Fotoservice (r.); S. 40/41 K. de Riese/Pontis; S. 42/43 G+J-Fotoservice; S. 44/45 Barbara Klemm; S. 46/47 G+J-Fotoservice.